AF487802

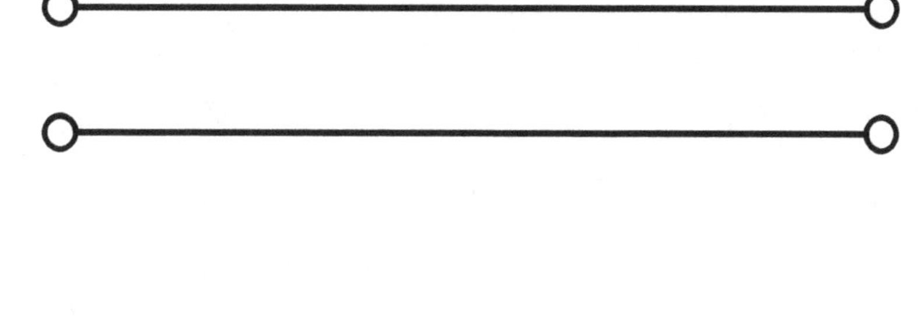

COLORING BOOK
この本は誰のですか。

notes

notes

notes

notes

notes

notes

notes

notes

notes

notes

notes

notes

notes

notes

notes

notes

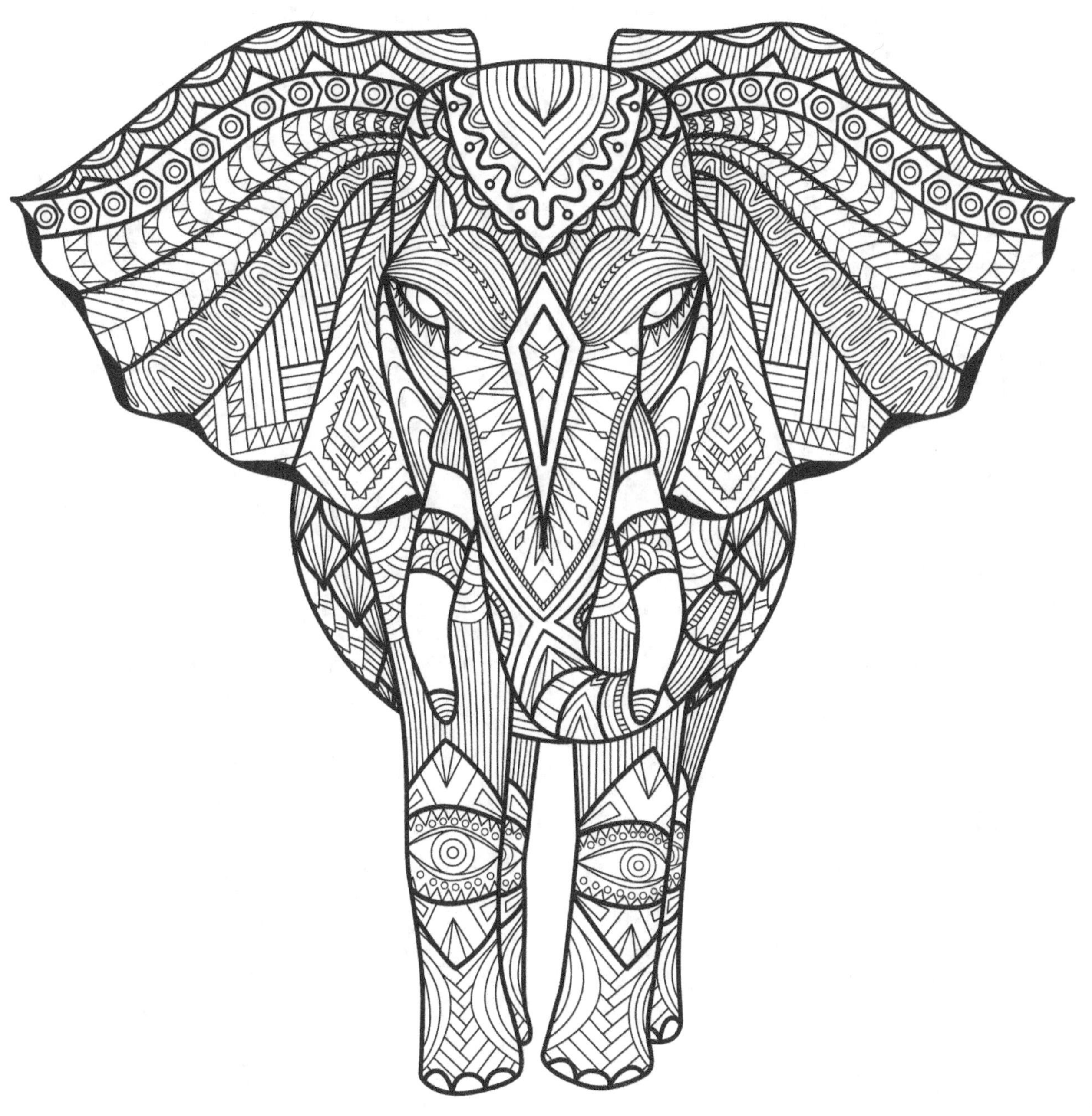

notes

notes

notes

notes

notes

notes

notes

notes

notes

notes

notes

notes

notes

notes

notes

notes

notes

notes

notes

notes

notes

notes

notes

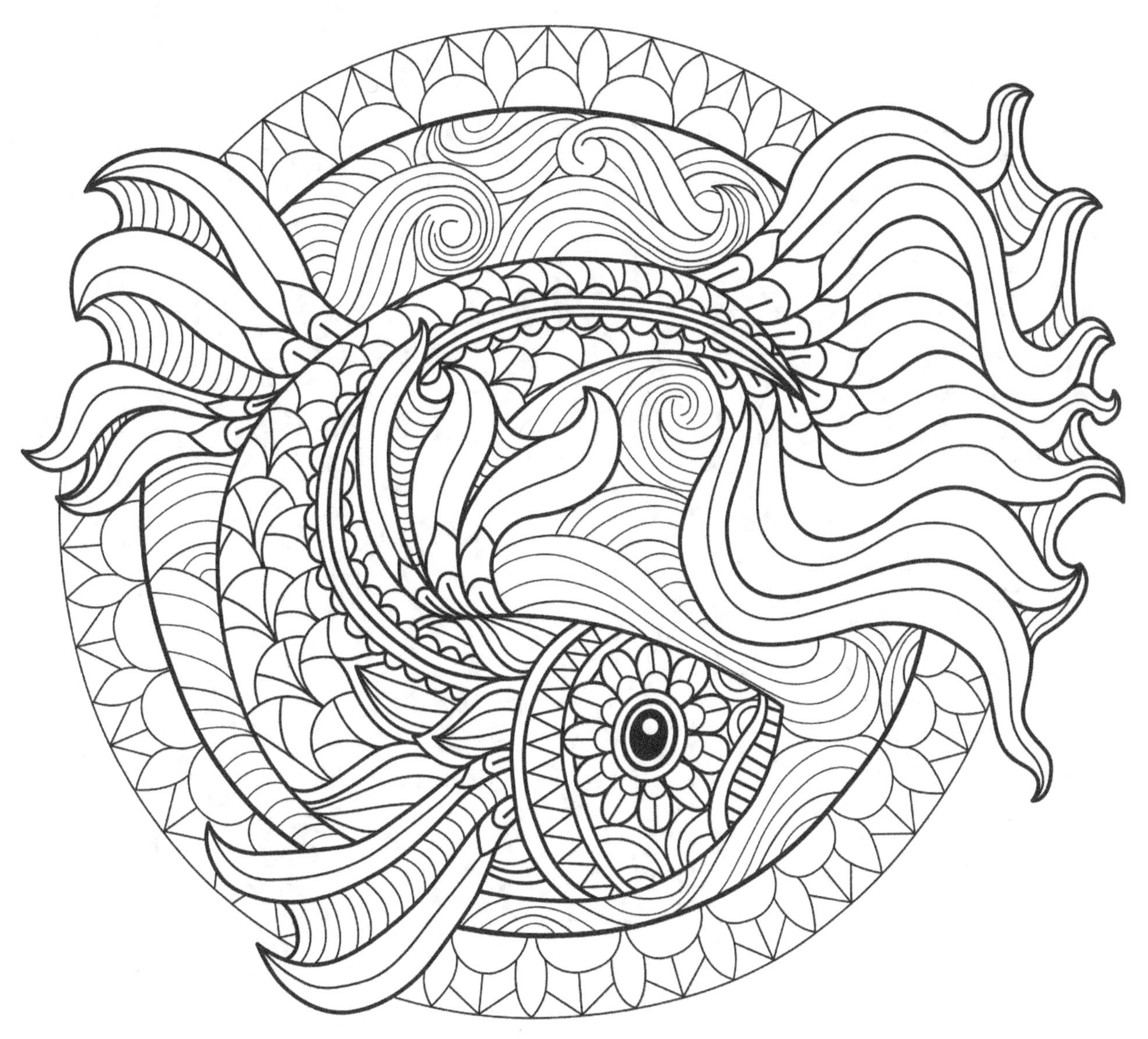

notes

notes

notes

notes

notes

notes

notes

notes

notes

www.ingramcontent.com/pod-product-compliance
Lightning Source LLC
Chambersburg PA
CBHW081351160726
48000CB00010B/3299